Ranas fantásticas

Penelope
Arlon

SCHOLASTIC INC.

¡Lee más! ¡Haz más!

Después de leer este libro, descarga gratis el libro digital.

Podrás demostrar tus destrezas de lectura.

Para Mac y PC

Comprueba lo que aprendiste.

Juega divertidos juegos con videos y sonidos.

Visita el sitio

www.scholastic.com/discovermore/readers

Escribe el código: **L2SPNR6XCC42**

Contenido

Originally published in English as *Scholastic Discover More™: Fantastic Frogs*
Copyright © 2014 by Scholastic Inc.
Translation copyright © 2014 by Scholastic Inc.

ISBN 978-0-545-69513-8

12 11 10 9 8 7 6 5 4 3 2 1   14 15 16 17 18 19/0

Printed in the U.S.A.   40
First Spanish edition, September 2014

Scholastic hace esfuerzos constantes por reducir el impacto ecológico de nuestros
procesos de manufactura. Para ver nuestras normas para la obtención de papel,
visite www.scholastic.com/paperpolicy.

Todo sobre las ranas

¡Escucha! ¿La oíste croar? ¡Mira! ¿Viste la onda en el agua? ¿Ves la rana? En cualquier rincón húmedo podrías hallar una rana.

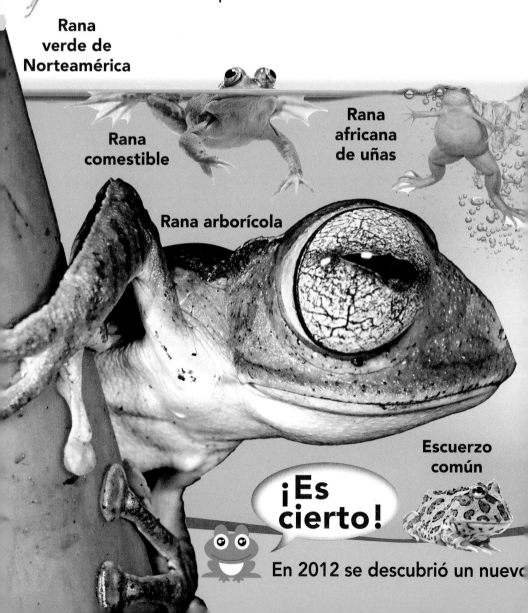

Rana verde de Norteamérica

Rana comestible

Rana africana de uñas

Rana arborícola

Escuerzo común

¡Es cierto!

En 2012 se descubrió un nuevo

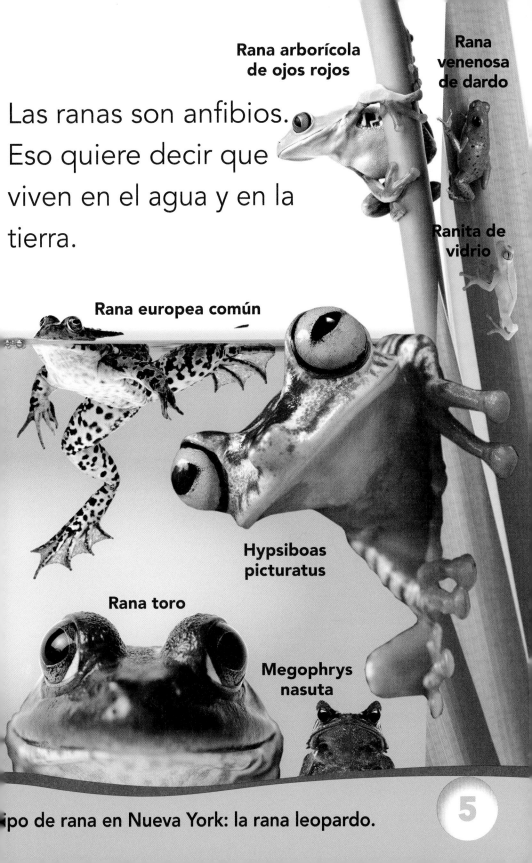

Rana arborícola de ojos rojos

Rana venenosa de dardo

Las ranas son anfibios. Eso quiere decir que viven en el agua y en la tierra.

Ranita de vidrio

Rana europea común

Hypsiboas picturatus

Rana toro

Megophrys nasuta

...po de rana en Nueva York: la rana leopardo.

Cuerpos increíbles

Las ranas respiran por los pulmones, como las personas. ¡Pero también respiran por la piel! La piel debe estar húmeda para respirar, por eso las ranas viven en lugares húmedos.

Los sapos y las ranas son anfibios.

La piel del sapo tiene protuberancias y es más seca que la piel de la rana.

Las ranas producen una baba pegajosa que mantiene su piel húmeda. Cuando mudan la piel, ¡se comen la piel vieja!

Las ranas son animales pequeños que enfrentan peligros en el agua y en la tierra. Con sus sentidos detectan el peligro, y sus cuerpos las ayudan a huir y ocultarse de los depredadores.

Las fuertes patas están siempre listas para saltar. En un instante, la rana se aleja del peligro.

¡Es cierto!

Algunas ranas alejan a sus enemigos con el olor

La rana detecta el peligro con los ojos, que tienen tres párpados.

PALABRA NUEVA

depredador
Un **depredador** es un animal que caza y devora a otros animales.

DILA EN VOZ ALTA

Detrás de los ojos, tiene los oídos.

La rana se agarra de las ramas con sus patas pegajosas.

...e su piel. El sapo pata de pala huele a maní.

¡Rápido! Una rana necesita huir. Salta con las patas traseras a una distancia de más de 20 veces el largo de su cuerpo. Luego se zambulle en el agua.

Otros animales que tienen patas palmeadas.

Pato

Nutria

La rana es una veloz nadadora. Sus patas palmeadas la impulsan en el agua.

La membrana que tiene entre los dedos la ayuda a avanzar.

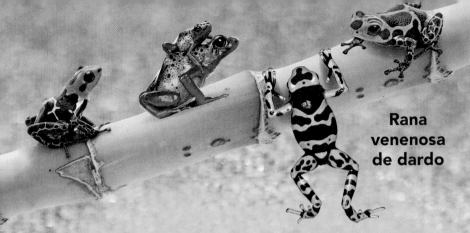

Rana venenosa de dardo

Si una rana no puede huir, tiene otras defensas. La rana venenosa de dardo tiene colores llamativos que indican a sus enemigos que es venenosa.

Rana tomate

Esta rana infla el cuerpo para verse más grande de lo que es.

¡Es cierto!

12

Una gota del veneno de la ra

La rana arborícola gris puede ponerse del color de la corteza de un árbol.

Muchas ranas usan su capacidad de camuflaje para confundirse con el entorno. ¿Puedes ver las ranas que aparecen en estas fotos?

¡Cómetelo!

Las ranas se comen a otros animales, como insectos y gusanos. Esta rana busca una presa. ¡Ve un grillo! Su lengua larga y pegajosa sale a toda velocidad. El grillo se queda pegado y la rana se lo traga entero. La rana pestañea: la presión de los ojos la ayuda a tragar la comida.

La rana toro se come cualquier cosa que pueda tragar.

Esta rana arborícola verde se está comiendo un gusano.

Esta rana toro africana se comió una rata. Sus ojos se mueven hacia atrás para ayudarla a tragar.

¡Qué mosca tan sabrosa!

De renacuajo a rana

Casi todas las ranas nacen de huevos que están en el agua. Al nacer son renacuajos. Luego pasan por un proceso de cambios llamado

Día 1
Una rana adulta pone huevos.

La rana pone huevos cubiertos por una masa gelatinosa.

Día 30
Un renacuajo nace de un huevo.

8 semanas
El renacuajo crece.

12 semanas
Comienzan a crecerle las patas.

¡Las ranas no son los únicos animales

Mariposa

Abeja

metamorfosis y se transforman en ranas. Viven el resto de su vida en el agua y la tierra.

14 semanas
La cola comienza a reducirse.

16 semanas
La ranita sale del agua a la tierra.

Adulta
La rana adulta ya puede vivir en la tierra.

PALABRA NUEVA

metamorfosis
Tras pasar por la **metamorfosis**, ¡la rana tiene un aspecto muy diferente al de antes!

DILA EN VOZ ALTA

que pasan por la metamorfosis!

Mariquita   **Cangrejo**

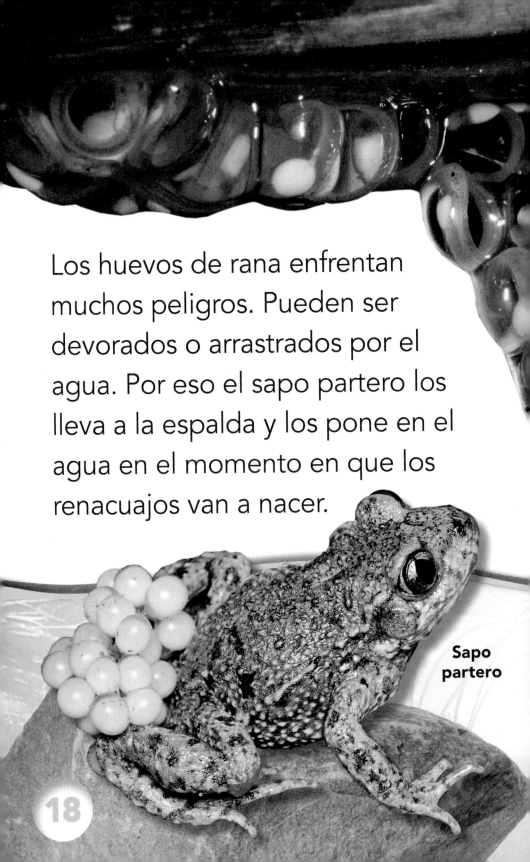

Los huevos de rana enfrentan muchos peligros. Pueden ser devorados o arrastrados por el agua. Por eso el sapo partero los lleva a la espalda y los pone en el agua en el momento en que los renacuajos van a nacer.

Sapo partero

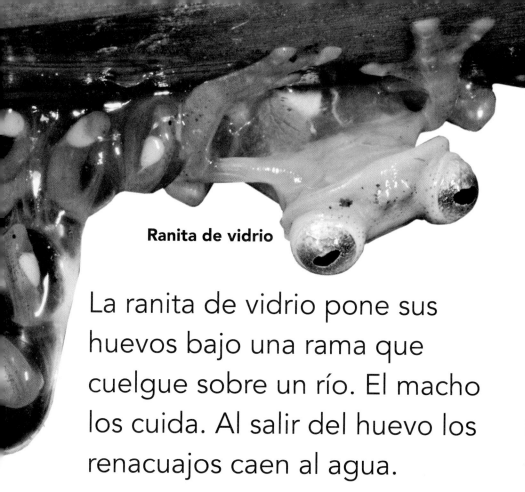

Ranita de vidrio

La ranita de vidrio pone sus huevos bajo una rama que cuelgue sobre un río. El macho los cuida. Al salir del huevo los renacuajos caen al agua.

Aquí lleva los renacuajos.

El sapito de Darwin lleva sus renacuajos en la garganta.

La rana venenosa de dardo azul lleva sus renacuajos a la espalda.

Busca ranas

Las ranas viven en todo el mundo, excepto en la Antártida. Pueden vivir en lugares inhóspitos. En el desierto, las ranas pasan

La rana de la madera vive en el Ártico.

AMÉRICA DEL NORTE

EUROPA

ÁFRICA

La rana venenosa de dardo vive en la selva tropical.

AMÉRICA DEL SUR

La rana toro vive en pantanos y charcas.

La rana del desierto lluvioso vive cerca del mar y recibe la humedad de la niebla marina.

20

meses en el suelo sin moverse.
Despiertan cuando llueve. En
el invierno ártico, la rana de la madera
se congela como un pedazo de hielo.
¡Y en la primavera se descongela!

La rana ágil tiene
el color ideal
para ocultarse
en el bosque.

ASIA

AUSTRALASIA

La rana corroboree
vive en las montañas.

La rana voladora de
Wallace vive en la selva
tropical. Planea de un árbol
a otro como si volara.

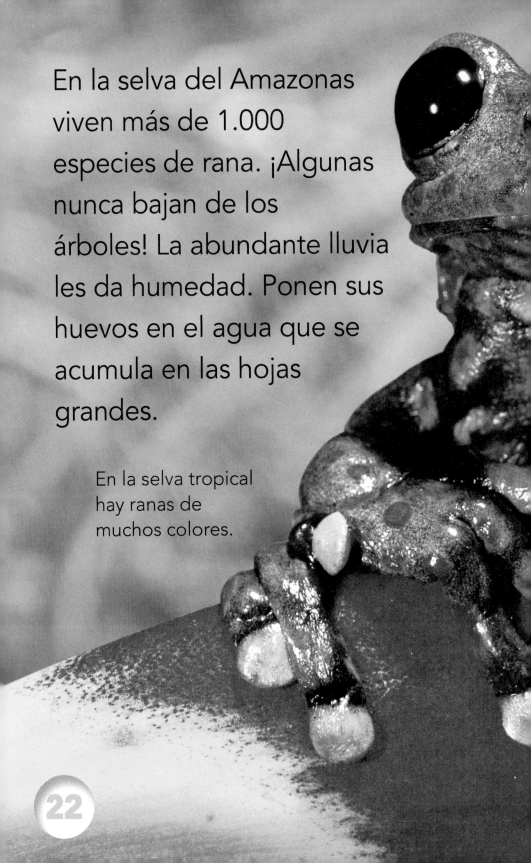

En la selva del Amazonas viven más de 1.000 especies de rana. ¡Algunas nunca bajan de los árboles! La abundante lluvia les da humedad. Ponen sus huevos en el agua que se acumula en las hojas grandes.

En la selva tropical hay ranas de muchos colores.

PALABRA NUEVA

DILA EN VOZ ALTA

especie
Dos animales que se aparean y tienen crías usualmente son de la misma **especie**.

Hyloscirtus pantostictus

23

Ranas en peligro

En el mundo hay millones de ranas. Pero unas 1.900 especies están en peligro de extinción. Hay tres razones clave para ello: la tala

Menos árboles

La rana malaya se está quedando sin hogar debido a la tala de árboles de la selva donde vive.

Ríos venenosos

El sapo Limosa está muriendo debido a la contaminación del río donde vive.

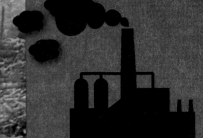

de las selvas tropicales, la contaminación de los ríos y una enfermedad que está matando a muchas ranas.

Ranas enfermas
La rana de Australia está extinta. Todas murieron a causa de una enfermedad.

PALABRA NUEVA

extinta
Una especie animal se considera **extinta** cuando ya no quedan ejemplares vivos de ese animal.

DILA EN VOZ ALTA

Muchas personas trabajan para proteger a las ranas. En Sri Lanka un grupo de personas construye caminos para las ranas. Hacen charcas en la selva y trazan caminos entre ellas. Así las ranas se pueden ir a áreas con mejores condiciones.

Estas ranas viven en los matorrales de Sri Lanka.

Charith Senanayake trabaja para proteger las ranas de Sri Lanka.

Sri Lanka

"Las ranas son un indicador del estado de los animales y las plantas de la selva. A las ranas no les gusta vivir en áreas contaminadas. Si hay muchas ranas saludables, ¡la selva está bien!"

Ranas interesantes

Hay casi 6.000 especies de ranas. ¡Y estas 10 son las más curiosas!

1 **La más letal**
Algunas personas usan el veneno de la rana venenosa de dardo para cazar.

3 **La más grande**
¡La rana goliat puede llegar a medir más de 1 pie de largo!

4 **La más pequeña**
Se ha hallado una rana que mide solo 0,2 pulgadas de largo.

2 **La más extraña**
El sapo de Surinam tiene el cuerpo plano.

5 **La más transparente**
La ranita de vidrio tiene la piel transparente.

6 La que tiene más bultos

La rana musgo de Vietnam está cubierta de nódulos. Parece un montón de musgo.

9 La más lluviosa

En 2005 una tormenta arrastró ranas que luego cayeron al suelo con la lluvia.

7 El renacuajo más ruidoso

El renacuajo del escuerzo común es el único que produce sonidos.

¡Pic!

8 La que mejor salta

La rana arborícola de ojos rojos salta 150 veces la longitud de su cuerpo.

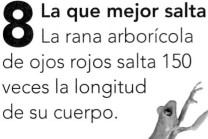

10 La más ruidosa

El canto del coquí macho es tan potente como el ruido de una sierra mecánica.

Glosario

anfibio
Animal que vive en el agua cuando es joven y que de adulto vive en el agua y en la tierra.

camuflaje
Color natural que ayuda a un animal a confundirse con su entorno.

contaminado
Que contiene suciedad o sustancias dañinas.

croar
Lo que hacen las ranas al cantar.

depredador
Animal que caza a otros animales para alimentarse.

enfermedad
Trastorno o padecimiento.

especie
Grupo en que se clasifican animales de un mismo tipo.

extinto
Animal del que no quedan ejemplares vivos.

húmedo
Ligeramente mojado.

metamorfosis
Proceso de cambio que experimentan algunos animales para hacerse adultos.

palmeada
Pata cuyos dedos están conectados por una membrana de piel.

pantano
Área de tierra muy húmeda o usualmente inundada.

pestañear
Abrir y cerrar los ojos rápidamente.

planear
Ir por el aire como un ave con las alas extendidas e inmóviles.

presa
Animal que es cazado y devorado por otro animal.

pulmón
Órgano que tienen las personas y muchos animales y que se llena de aire al respirar.

renacuajo
Cría de rana que vive en el agua y tiene cola. Al principio de su vida no tiene patas.

selva tropical
Bosque húmedo de las zonas tropicales.

tragar
Hacer que una comida o bebida pase de la boca al estómago.

veneno
Sustancia que puede matar o enfermar a una persona, planta o animal.

Estas son las ranas ocultas en la página 13:

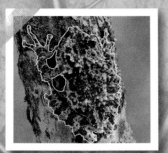

Índice

Créditos

Fotografía e ilustraciones

1 (main image): Minden Pictures/SuperStock; 1 (background): Wtolenaars/Dreamstime; 2 (computer monitor): skodonnell/iStockphoto; 2 (frogs around computer): kerkla/iStockphoto, GlobalP/iStockphoto, Antagain/iStockphoto; 2 (arrows): pagadesign/iStockphoto; 2 (standing frog cl): Antagain/iStockphoto; 2 (frog cr): GlobalP/iStockphoto; 3 (frog): Kikkerdirk/Dreamstime; 3 (background): Talisalex/Dreamstime; 4–5 (water): IgorKovalchuk/ iStockphoto; 4 (green tree frog, grass): Ir717/Dreamstime; 4 (edible frog): Kikkerdirk/ Dreamstime; 4 (African clawed frog): GlobalP/iStockphoto; 4 (tree frog, stem): Leksele/ Dreamstime; 4 (ornate horned frog): Amwu/Dreamstime; 4 (cartoon frog, used throughout): sldesign78/iStockphoto; 5 (red-eyed tree frog, stem): alptraum/iStockphoto; 5 (plant r): Ancher/Dreamstime; 5 (poison dart frog): Kikkerdirk/iStockphoto; 5 (glass frog): Snowleopard1/iStockphoto; 5 (marsh frog): GlobalP/iStockphoto; 5 (Imbabura tree frog): Kikkerdirk/Dreamstime; 5 (bullfrog): stevelenzphoto/iStockphoto; 5 (Malayan horned frog): GlobalP/iStockphoto; 6–7 (main image): Michael Durham/Minden Pictures/Getty Images; 6cl: Photowitch/Dreamstime; 6bl: AlasdairJames/iStockphoto; 6 (tape, used throughout): spxChrome/iStockphoto; 7br: Birgit Kremer/www.iberia-natur.com; 8–9 (main image): ABDESIGN/iStockphoto; 8cl: spxChrome/Dreamstime; 9tl: Alptraum/Dreamstime; 9cr: Isselee/Dreamstime; 9bc: Atelopus/iStockphoto; 10–11 (sky): Tan4ikk/Dreamstime; 10–11 (water surface): Bestmoose/Dreamstime; 10–11 (underwater): Rike_/iStockphoto; 10–11 (leaping frog): Stephen Dalton/Science Source; 10–11 (swimming frog): Antagain/ iStockphoto; 10 (duck): Thomas Seybold/iStockphoto; 10 (otter): A-Digit/iStockphoto; 11tr: GlobalP/iStockphoto; 11 (penguin): rikidoh/iStockphoto; 11 (human): 4x6/iStockphoto; 12–13 (background, green frog in water) Photomo/Dreamstime; 12 (poison dart frogs l to r): Kikkerdirk/iStockphoto, GlobalP/iStockphoto, Pixie Chick/Fotolia, Kikkerdirk/iStockphoto; 12bc: Lanalanglois/Dreamstime; 13tl: Stephen J. Krasemann/All Canada Photos/SuperStock; 13tr: KeithSzafranski/iStockphoto; 13bl: Alslutsky/Dreamstime; 13bc: Mshuffy/Dreamstime; 13br: Gabbro/Alamy Images; 14–15 (main image): Oktay Ortakcioglu/iStockphoto; 15 (background): Biansho/Dreamstime; 15 (lily pads): Manasapat/Dreamstime; 15 (frog t): Animals Animals/SuperStock; 15 (flower): pixonaut/iStockphoto; 15 (frog c): irin717/ iStockphoto; 15 (frog photo): Tom McHugh/Science Source; 15 (frog b): Antagain/ iStockphoto; 16–17 (sky): Tan4ikk/Dreamstime; 16–17 (underwater): Melking/Dreamstime; 16 (adult frog): jesue92/iStockphoto; 16 (eggs): Isselee/Dreamstime; 16 (tadpoles): GlobalP/iStockphoto; 16 (butterfly): SongSpeckels/iStockphoto; 16 (bee): bubaone/iStockphoto; 17 (tadpole, froglet): GlobalP/iStockphoto; 17 (adult frog): Jgade/Dreamstime; 17 (ladybug): bubaone/iStockphoto; 17 (crab): rangepuppies/iStockphoto; 18–19tr: Minden Pictures/SuperStock; 18–19 (background b): Lequint/Dreamstime; 18 (toad): Minden Pictures/SuperStock; 18 (rock): princessdlaf/ iStockphoto; 19bl: Minden Pictures/SuperStock; 19br: Kikkerdirk/iStockphoto; 20–21 (map): Jezper/Shutterstock; 20 (wood frog): Donyanedomam/

Dreamstime; 20 (bullfrog): cavefish/iStockphoto; 20 (bullfrog background): DRB Images, LLC/ iStockphoto; 20 (poison dart frog): mashabuba/iStockphoto; 20 (poison dart frog background): szefei/iStockphoto; 20 (desert rain frog): Arie van der Meijden/CalPhotos/ University of California, Berkeley; 20 (desert rain frog background): Piccaya/Dreamstime; 21tr: Kikkerdirk/Fotolia; 21 (agile frog): Chatroux André/Wikipedia; 21 (agile frog background): johnPkrause/iStockphoto; 21 (corroboree frog): ANT Photo Library/Science Source; 21 (corroboree frog background): Fitzo/iStockphoto; 21 (Wallace's flying frog): Stephen Dalton/ Science Source; 21 (Wallace's flying frog background): Joegough/Dreamstime; 22–23 (main image): Minden Pictures/SuperStock; 22–23 (background): Wtolenaars/Dreamstime; 24–25 (background): ricardoazoury/iStockphoto; 24tl: -1001-/iStockphoto; 24cl: Thomas Marent/ Visuals Unlimited/Getty Images; 24cr: Brian Gratwicke/Wikipedia; 24bl: John_Woodcock/ iStockphoto; 24br: aleksandr-mansurov-ru/iStockphoto; 25cl: Michael J. Tyler/Science Source; 25bl: kathykonkle/iStockphoto; 25 (frog r): Cathykeifer/Dreamstime; 25 (leaf br): Kikkerdirk/Dreamstime; 26–27 (background): Shariffc/Dreamstime; 26b: Fletcher & Baylis/ Science Source; 27tl: Kevin Tildsley/Planetary Visions Ltd.; 27tr: Fletcher & Baylis/Science Source; 27cl, 27cr: Rainforest Rescue International; 27b: Fletcher & Baylis/Science Source; 28 (#1): Isselee/Dreamstime; 28 (#2): Mgkuijpers/Dreamstime; 28 (#3 t): Minden Pictures/ SuperStock; 28 (#3 bl): Cattallina/iStockphoto; 28 (#3 br): hypergon/iStockphoto; 28 (#4 l): AskinTulayOver/iStockphoto; 28 (#4 r): Rittmeyer EN, Allison A, Gründler MC, Thompson DK, Austin CC/Wikipedia; 28 (#5): ABDESIGN/iStockphoto; 29 (#6): GlobalP/iStockphoto; 29 (#7): higyou/iStockphoto; 29 (#8 t): Corey Hochachka/Media Bakery; 29 (#8 b): kathykonkle/ iStockphoto; 29 (#9 t): hypergon/iStockphoto; 29 (#9 b): A-Digit/iStockphoto; 29cr: tunart/ iStockphoto; 29 (#10): Rex Cauldwell; 30–31 (background, frog tr): Spanishalex/Dreamstime; 32 (bamboo): Youths/Dreamstime; 32 (frog t): Sebastian Duda/Fotolia; 32 (frog br): Carolinasmith/Dreamstime; 32 (lily pad): Manasapat/Dreamstime.

Portada

Front cover: (leaf icon) liquidplanet/iStockphoto; (main image) Thomas Marent; (background b) Jasmina007/iStockphoto. Back cover: (tr) Amwu/Dreamstime; (computer monitor) Manaemedia/Dreamstime. Inside front cover: (leaves) olegganko/iStockphoto; (frogs t) kathykonkle/iStockphoto; (frog br) hypergon/iStockphoto.

Agradecimientos

Gracias al Dr. Charith Senanayake, Director de Rainforest Rescue International (www.rainforestrescueinternational.org), y a la Dra. Kim Dennis-Bryan, PhD, por compartir su tiempo y sus conocimientos.